Willi wills wissen

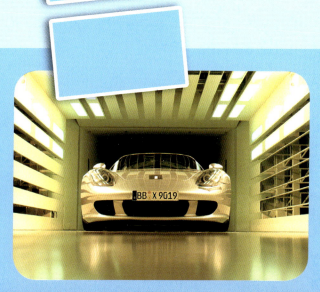

Der Autor

Reinhold Ziegler, geboren 1955, wuchs in Erlangen auf. Schon während seines Maschinenbaustudiums in Berlin und Karlsruhe veröffentlichte er einen ersten Roman. Nach einigen Jahren als Ingenieur wandte er sich ganz dem Schreiben zu und arbeitet seitdem als Journalist für technische Themen und als Schriftsteller. Er veröffentlichte zahlreiche Romane, Erzählungen und Sachbücher für Kinder und Jugendliche. Mit seiner Familie lebt er im Raum Aschaffenburg. Weitere Informationen zum Autor im Internet unter
www.reinhold-ziegler.de

Bildquellennachweis:
Alfa Romeo: S. 9ru · Audi AG: S. 9rm · BMW AG: S. 9rm, 11um, 29o, 44o, 44u · DaimlerChrysler: S. 2ul, 9m, 11ur, 18, 19, 23u · Ford: S. 9rm, 25u · Honda: S. 9m · Jaguar Deutschland GmbH: S. 9m Lamborghini: S. 9rm · Lexus: S. 9u · Maserati: S 9um · Opel AG: S. 9rm · PEUGEOT Deutschland GmbH: S. 9u, 11ul · Porsche: S. 2ur, 3ul, 3ur, 7u, 8o, 9o, 9rm, 10o, 10u, 12o, 12m, 14u, 16o, 16u, 20u, 22o, 22u, 24o, 24ul, 24ur, 25o, 27o, 27m, 30u, 34m, 35o, 36lm, 36lu, 36 mu, 36mr, 36ur, 38o, 38m, 38u 39o, 40o, 40u, 41o, 41u, 43o · Saab: S. 9u · Volkswagen AG: S. 9rm, 32ul, 32ur, 33o, 39m · Volvo Car Germany GmbH: S. 9u · Walter Breitinger: S. 6o, 8o, 8u

Fotos Willi Weitzel:
Massimo Fiorito: S. U4, 10, 26m, 36o, 39m, 45o · megaherz: S. U1, 12m, 15u, 21o,
Umschlagfoto: Porsche · megaherz

Vielen Dank an Willi Weitzel für die freundliche Unterstützung

© 2006 Baumhaus Verlag, Frankfurt am Main
Konzept: Götz Rohloff, Layout und Illustrationen: Suzana Brala
Lizenz durch TELEPOOL
© 2006 megaherz für den Bayerischen Rundfunk
Alle Rechte vorbehalten
ISBN 3-8339-2706-2

Gesamtverzeichnis schickt gern:
Baumhaus Verlag GmbH
Juliusstraße 12
60487 Frankfurt am Main

"Hallo! Haalloooh!"

Wo kommen bloß all die Autos her?

Wenn ich etwas über Autos erfahren will, so habe ich mir gedacht, dann muss ich dorthin gehen, wo es viele gibt. Auf den großen Parkplatz vor den Supermarkt zum Beispiel. Da stehen immer viele. Autos, Autos, Autos … Nichts als Autos. Haben die kein Zuhause? Die stehen doch aber nicht immer hier, oder? Im Moment bewegen sie sich jedenfalls nicht. Aber wo kommen die alle her? Am besten wird's sein, ich frag mal jemanden! Da – da hinten, da steigt gerade jemand in ein Auto. „Hallooh!", „Haalloooh!" Ah, jetzt hört er mich!
„Du sag mal, du hast so ein schönes Auto. Weißt du, wo das eigentlich herkommt?"
Aus Berlin, sagt der Mann.
Und dann haut er mir einfach die Tür vor der Nase zu und fährt davon.
Aus Berlin, na klar. Sieht man ja auch am Nummernschild.
B – das heißt Berlin.
Und F – das Auto kommt aus Frankfurt.
Und HH - Ha-ha, witzig – also das ist ein Hamburger. Nein, kein Hamburger zum Essen mit Ketchup und Majo. Ein echter Hamburger. Ein Wagen aus Hamburg eben.
Jetzt weiß ich immerhin, in welchen Städten die Autos angemeldet sind. Aber das habe ich ja gar nicht gemeint. Ich wollte wissen, wo die Autos wirklich herkommen? Und nicht, in welcher Stadt sie meistens unterwegs sind.
Vielleicht frage ich mal jemanden, der gerade erst ankommt. Der fährt mir wenigstens nicht gleich wieder davon.
He, da vorn kommt gerade einer auf den Parkplatz rauf, den frage ich. Das ist ein ganz flacher Flitzer, sieht sauschnell aus. Ich jogge mal fix hinter-

Hallo, ich bin's der Willi!

Falls du dieses Zeichen siehst, dann winke ordentlich: in dem Auto sitzt nämlich der Präsident des Deutschen Bundestages.

D | 1-1

her und warte, bis der Fahrer aussteigt.
„Puh, Entschuldigung, bin ganz außer Puste. Ziemlich flott dein Renner, was? Kannst du mir sagen, wo der her ist?"
Der Mann ist echt stolz auf sein schönes Auto. Der hält mir gleich die Tür weit auf und lässt mich reinschauen. „Das ist ein Porsche", sagt er. "Und der ist vom Porschehändler, direkt!" Also gut. Dann fahre ich eben erst mal zum Porschehändler, der wird ja wissen, woher er seine Autos kriegt.

Damit man die Autos wiedererkennen kann, haben sie Nummernschilder. In Deutschland steht am Anfang der jeweiligen Autonummer immer ein Buchstabe. Er gibt an, aus welcher Stadt oder welchem Landkreis ein Auto kommt, das heißt wo es zugelassen ist. Zum Beispiel:

B	Berlin
F	Frankfurt am Main
HH	Hansestadt Hamburg
DO	Dortmund
K	Köln
S	Stuttgart
M	München
L	Leipzig

Es gibt aber auch komplizierte Zeichen:

SÜW	Südliche Weinstraße
NWM	Nordwestmecklenburg
MOL	Märkisches Oderland
MSP	Main-Spessart-Kreis

Die Firma Porsche hat ein richtiges Wappen, so wie früher die alten Rittersleut.

Ab nach Zuffenhausen!

Dieser nette Herr im Anzug ist ein Auto-Verkäufer.

Diese Autos tragen zum Schutz, bevor sie verkauft werden, einen „Anzug" aus Folie, damit sie nicht beschädigt werden – sieht fast aus wie ein Schlafanzug.

Jetzt bin ich schon im Autohaus

So, das hat 'ne ganze Weile gedauert. Ich musste quer durch die ganze Stadt. Porschehändler gibt's ja nicht an jeder Ecke, habe ich festgestellt.
Hier kommen sie also her, die Porsches. Man erkennt sie leicht am Typenschild oder am Logo, wie es auch heißt. Schaut her. Das kennt doch jeder, oder? Jedes Auto hat ein Logo, meistens vorne auf der Nase. Und die hier haben ein richtiges Wappen, so eines wie früher die alten Rittersleut. Mit einem Pferd und Geweihen. Schöne Autos. Ziemlich klein zwar, also die Familie mit Oma und Opa passt da nicht rein. Die werden wohl mehr zum schnellen Flitzen für nur zwei Leute gebaut. Und zum Angucken und Staunen. Sie glänzen und sehen schön glatt und rund geformt aus, fast wie Lebewesen. Atmen die etwa? Oh! Den hätte ich wohl besser nicht anfassen sollen. Jetzt kommt ein junger Mann im Anzug, der trägt das Porsche-Logo sogar auf seiner Krawatte. Wenn das jetzt mal nur keinen Ärger gibt ...
Aber zum Glück ist er sehr freundlich. Er lächelt. Ob ich mich für den Wagen interessiere, will er wissen. Ob ich ihn kaufen will?
Ich mache meinen Geldbeutel auf und schaue nach. Eine Dauerkarte vom Schwimmbad, ein Busausweis und 17,40 Euro. Das wird nicht reichen, meint der Verkäufer, der billigste Porsche würde so rund 45 000 Euro kosten. Das ist schon ein richtiges Luxusauto. Natürlich gibt es auch billigere Autos. Aber gut, dann spare ich noch ein bisschen. Doch ehrlich gesagt: Ich will ja gar keinen

45 000 € für einen neuen Porsche – whow, ganz schön teuer. Da muss ich mal kurz rechnen: Angenommen, du bist zehn Jahre alt und bekommst zehn Euro Taschengeld im Monat, dann müsstest du 375 Jahre alt werden, bis du dir den Porsche leisten könntest. Du merkst schon, da muss sich wohl was an der Taschengeldsituation ändern ...
Übrigens, das Wort „teuer" ist natürlich relativ – später siehst du ein Auto, das sogar noch viel mehr kostet.

Der billigste Porsche kostet so ab 45 000 €

kaufen. Ich wollte nur wissen, wo die Autos herkommen. Denn hier werden sie natürlich nicht gebaut, und das erklärt mir auch der Händler: „Wir bekommen sie mit großen Lastwagen geliefert, da stehen immer sechs bis zehn Stück drauf. Schau, da draußen werden gerade welche abgeladen." Tatsächlich. Da werden Autos von einem Laster abgeladen. Die sind verkleidet und sehen so aus, als ob sie „Schlafanzüge" tragen.
Und wo wurden die aufgeladen? Das will ich wissen! Also frage ich mal den Fahrer.

Zuffenhausen! - Häh?

„Hallo! Entschuldige mal – wo hast du denn die ganzen Autos her?"
„Aus Zuffenhausen!", sagt er.
„Zuffenhausen? Nie gehört!"
Der Mann zeigt mir eine Karte. „Da", sagt er, „das ist Stuttgart. Und hier, siehst du, der Ortsteil hier oben, das ist Zuffenhausen. Dort werden die Porsches im Werk gebaut!"

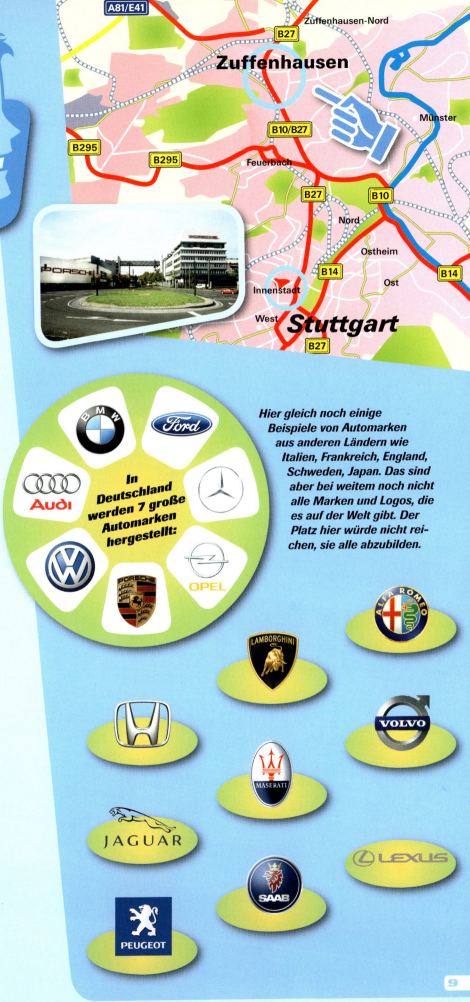

In Deutschland werden 7 große Automarken hergestellt:

Hier gleich noch einige Beispiele von Automarken aus anderen Ländern wie Italien, Frankreich, England, Schweden, Japan. Das sind aber bei weitem noch nicht alle Marken und Logos, die es auf der Welt gibt. Der Platz hier würde nicht reichen, sie alle abzubilden.

Ein Auto-Designer zeichnet richtig gut – er nutzt Filzstifte, die zwei Spitzen haben. Die eine ist dünn, die andere ist dick und flach.

Hier im Werk wird gezeichnet?

Zuffenhausen. Ich frage mich ein bisschen durch und merke schon bald: Hier bin ich richtig. Überall fahren und stehen die neuen Porsche-Flitzer rum. Wenn ich wissen will, wo alles anfängt, dann müsste ich in die Design-Abteilung gehen, erklärt mir der Pförtner.

Dort beginnt alles mit einem Stift und einem Blatt Papier. Ja, tatsächlich. Auch heute fängt der Bau eines neuen Autos noch mit einem von Hand gemalten Bildchen an. Du hast doch in der Schule bestimmt auch schon mal dein Hausaufgabenheft bemalt? Ich hab zum Beispiel meistens Schiffe gekritzelt. Aber solche Bilder sind hier nicht gemeint. Guck dir das mal an: Das ist Matthias. Der hat's aber drauf! Wie der Autos malen kann. Ich möchte wetten, sein Hausaufgabenheft sah tausendmal besser aus als meines.

Matthias ist Karosserie-Designer, also einer, der festlegt, wie das Auto später von außen

Also, meine Zeichnung ist im Vergleich zu der von Matthias gar nicht so schlecht geworden, find ich. Oder?

Pssst! Leise!
Hier arbeiten die Designer!

einmal aussehen soll. Am besten, ich frage ihn einfach, was er den ganzen Tag so macht: „Matthias, sag mal: Du sitzt jetzt hier in deinem Büro mit deiner Schachtel Stifte und malst ein Auto nach dem anderen, einfach so?"

„Das wär ein toller Job, was!", sagt er. „Aber leider ist es nicht ganz so." Manchmal, so erklärt Matthias mir, könne er einfach malen, was ihm so einfällt: große Autos, kleine, hohe, flache, breite, schmale, eckige oder runde – Hauptsache Autos. Aber meistens müsse er sich nach etwas richten, was andere ihm vorgeben. Zum Beispiel, wie viele Menschen in dem Auto Platz haben sollen. Oder wie viel Gepäck man später mitnehmen kann. Und dann müsse er darauf achten, wie groß der Motor ist, der später eingebaut werden soll, oder das Getriebe.

Vom Papierentwurf zum Computer

Außerdem muss das Auto wie ein Porsche aussehen. Es muss, wie die Autodesigner sagen, ein „Porsche-Gesicht" haben. Wenn man die Entwürfe sieht, soll gleich klar sein: das ist ein Porsche! Und dann muss so ein Wagen auch noch windschnittig sein und preiswert herzustellen und haltbar und elegant und schön ...
Und das alles muss sich der Designer überlegen, bevor er den ersten Strich für ein neues Auto aufs Papier bringt. Und die Zeichnung ist nur der Anfang von allem. Danach werden die besten Bilder in den Computer übertragen. Mit dem kann man nämlich noch besser und schneller zeichnen – und das ist notwendig, damit später ein echtes Auto entsteht.

> Autos haben ganz verschiedene „Gesichter"! Genau wie man bei einem Menschen schon am Gesicht erkennen kann, ob er eher lieb oder böse, mutig oder schüchtern, prahlerisch oder zurückhaltend ist, so kann man auch Autos ansehen, was für ein Typ sie sind. Manchmal wollen die Designer, dass ihre Autos genau einem Typ entsprechen, also richtig zornig, männlich oder gar böse aussehen.

Der Wagen hier hat ein großes und breites Grinsen.

Vorsicht, weg da! Dieser frisst dich gleich, wenn du nicht Platz machst.

Und der guckt sehr souverän und ziemlich edel.

Nach den Computerarbeiten werden erste richtige Modelle in Originalgröße entworfen.

Achtung Spione!

Matthias, der Designer, führt mich in einen anderen Raum, dort sehe ich, warum Computer gebraucht werden: Hier ist ein Auto auf einem Großbildschirm an der Wand zu sehen. Sieht aus wie fotografiert. Dabei ist es nach dem Entwurf im Computer entstanden.
Psst! Die drei Herren dürfen nicht gestört werden! Sie entwerfen gerade die Felgen für den neuen Porsche. Und überhaupt, es sei besser, meint Matthias, wenn uns hier überhaupt niemand bemerkt. Die Autobauer mögen es nämlich nicht, wenn man ihnen beim Entwickeln über die Schulter schaut. Sie befürchten, dass eine andere Firma abgucken könnte. „Werksspionage", nennt man das, und deswegen sind die Entwicklungsabteilungen und Versuchsgelände der Autofirmen total gesichert, fast wie ein Gefängnis: hohe Zäune, Kameras, Tag und Nacht Wachleute an den Eingangstoren. Nur geht es im Autowerk eben nicht darum, dass keiner entwischt, sondern dass keiner hineinkommt. Trotzdem passiert es immer wieder, dass Einzelheiten einer Neuentwicklung den Weg zur Konkurrenz finden. Du kennst das von deinen Schulaufgaben – abschreiben ist einfacher als selber zu denken. Aber Betrug!

Modellbau aus Plastilin

Matthias zeigt mir noch einen weiteren Raum, hier arbeitet Peter. Er formt aus Plastilin erste richtige Modelle. Plastilin, das klingt großartig, ist aber im Prinzip nichts anderes als gute Knetmasse. Peter und seine Mannschaft bauen aus diesem Plastilin die ersten „Zum-Anfassen-Modelle" im Maßstab 1:3 oder 1:1. Das Plastilin-Modell hat also entweder nur ein Drittel der Größe des richtigen

Waaas? Ihr baut hier Autos aus Knetgummi?

Autos oder es ist schon genauso groß. Stellt euch das mal vor: ein Knetgummiauto, das genauso groß ist wie ein echtes. Aber natürlich kann man sich da nicht hineinsetzen, sagt Peter, und fahren kann man schon gar nicht damit. Es ist nur dazu da, um die genaue Form beurteilen zu können.

„Aber richtige Autos sind doch aus Stahl, warum wird dann das erste Modell nicht auch gleich aus Stahl hergestellt?", will ich wissen.

„Das kann ich dir zeigen", sagt Peter. Er geht mit mir zu einem seiner Modelle.

„Hier! Siehst du die Kante hinten an der Motorhaube? Wir nennen sie die Abrisskante. Wenn jetzt zum Beispiel die Kollegen vom Windkanal kommen und sagen, die Kante müsste ein bisschen schräger sein, dann mache ich einfach das hier!" Er nimmt einen Schaber und schrägt damit die Kante noch ein wenig mehr ab. „Geglättet – fertig! Und jetzt stell dir mal vor, das wäre ein Stahlmodell gewesen. Da hätten wir stundenlang schneiden und schweißen und schleifen müssen. Aus Stahl wird das Auto deshalb erst dann gebaut, wenn schon ziemlich sicher ist, wie es später aussehen soll."

Ah, kapiert! Bleibt nur noch eine Frage: „Wo ist dieser Windkanal?"

„Langsam, Willi", sagt Peter, „eins nach dem anderen. Ich will dir doch erst noch - bevor ich dich in den Windkanal schicke - schnell mal zeigen, wie aus den großen Plastilinmodellen wirklich richtige Autos entstehen."

> **WWW** Den Maßstab gibt man mit zwei Zahlen an, die durch einen Doppelpunkt getrennt sind. Also zum Beispiel: 1:3, gesprochen wird das „Eins zu drei".
> Ein Zentimeter im Modell entspricht bei diesem Maßstab drei Zentimetern im Original, das Original ist also drei Mal so groß wie das Modell. Auch Spielzeugautos haben einen Maßstab - schaut mal auf der Verpackung nach. Die kleinen für die Vitrine haben meist Maßstab 1:43, die großen 1:18. Kleine Fernsteuerautos fürs Wohnzimmer gibt es mit 1:24, die großen haben 1:10.

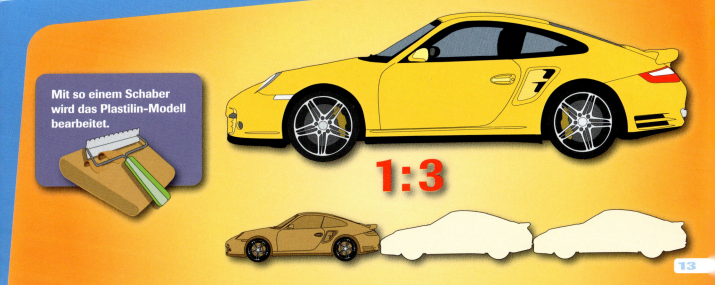

Mit so einem Schaber wird das Plastilin-Modell bearbeitet.

1:3

Hihi, ich drück da mal rein!

Und jetzt schnell ab in die Presse!

„Siehst du diese Maschine?", fragt mich Peter. „Wenn wir hier fertig sind, beschließen die Porsche-Chefs hoffentlich, dass unser Plastilinmodell als richtiges Auto in großer Serie gefertigt wird. Dann müssen die Stanz- und Presswerkzeuge gebaut werden, die aus Blechen die Karosserie formen. Und damit die Formen später auch genauso aussehen, wie die Designer sie gezeichnet haben, werden die Maße mit dieser Maschine abgenommen. Sie tastet das Modell ab und gibt die Daten an einen Computer. Und mit diesen Daten werden die Werkzeuge für die Stanzen und Pressen gebaut."
„Toll! Und wenn ich da jetzt mal so heimlich mit dem Daumen eine Delle in dein Knetgummiauto drücke, haben nachher alle Porsches auf der Straße eine Delle, oder?"
„Na, das würden wir dann vorher schon noch merken. Denn bevor später tatsächlich die ersten Blechteile aus den Pressen kommen, gibt es natürlich noch hunderte Kontrollen. Aber ehe du jetzt hier auf noch mehr verrückte Ideen kommst, will ich dir erklären, wie das Auto seine Form erhält."

Wie kommt die Form ins Blech?

Und dann erfahre ich: Das Blech, aus dem die Autos gebaut werden, kommt auf großen Rollen, den so genann-

Hier tastet eine Maschine die Daten für die Werkzeuge ab, die man dann für die Stanzen und Pressen braucht.

ten Coils, vom Stahlwerk in die Autowerke. Um daraus Kotflügel, Dächer und Motorhauben zu formen, muss es erst zugeschnitten werden. Das besorgen die Stanzen, riesige Stempel-Maschinen, die mit einem gewaltigen Schlag die Außenform der Bleche ausschneiden. In den Pressen werden dann die flachen, ausgeschnittenen Bleche geformt oder über eine Form tiefgezogen, wie der Fachmann das nennt. Zum Glück ist Stahl sehr gut in kaltem Zustand verformbar, ihr könnt das ja mal mit einer Büroklammer probieren. Die lässt sich lange in alle Richtungen biegen, ohne dass sie bricht. Die Tiefziehformen müssen natürlich genauso groß sein wie die Teile selber, außerdem sehr fest und stark, damit sie sich nicht verformen. Das kostet eine Menge Geld, solche Werkzeuge herzustellen. Verändern die Designer nach Jahren die Form der Autos, müssen alle Stanz- und Presswerkzeuge neu angefertigt werden.

So, jetzt geh ich aber wirklich rüber in den Windkanal.

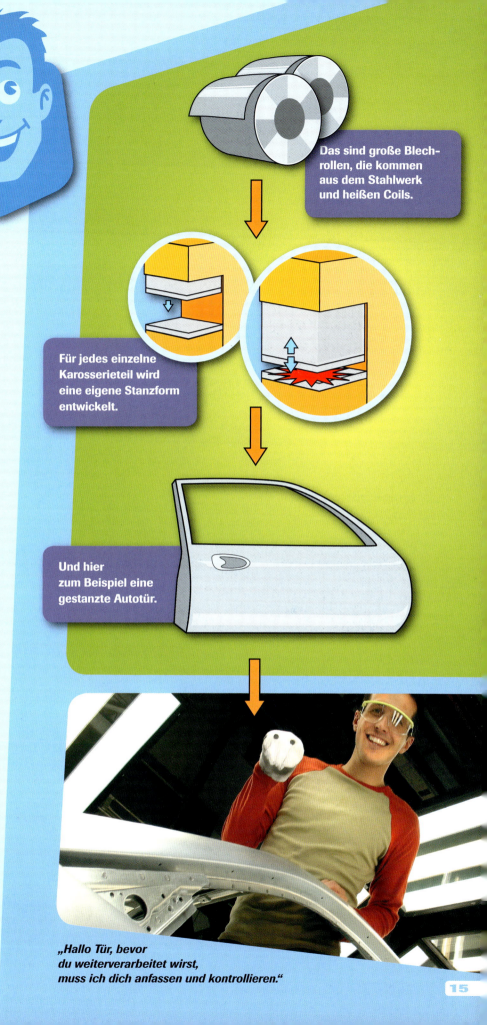

Das sind große Blechrollen, die kommen aus dem Stahlwerk und heißen Coils.

Für jedes einzelne Karosserieteil wird eine eigene Stanzform entwickelt.

Und hier zum Beispiel eine gestanzte Autotür.

„Hallo Tür, bevor du weiterverarbeitet wirst, muss ich dich anfassen und kontrollieren."

„Schau, ich habe hier ein Rohr, aus dem vorne Nebel austritt. Und damit kontrolliere ich, ob der Wind auch richtig schön glatt am Auto vorbeiströmt."

„Roolaaand! Der hört ja nix!"

Windkanal, das klingt schon ziemlich nach Sturm, oder? Roland steht hier mit dicker Winterjacke, damit er an seinem Arbeitsplatz nicht friert. Der Windkanal sieht aus wie eine Halle, in die an einem Ende der Wind hineinbläst und am anderen Ende wieder hinaus. Wind? Was heißt hier Wind? Orkan müsste das Ding heißen. Man kann sich ja kaum auf den Beinen halten. „Roland, was machst du denn da?" Der hört nix! Das ist aber auch laut hier drinnen. „Roolaaand!" Er winkt mir, ich soll zu ihm rüberkommen. Einfacher gesagt, als getan. Habt ihr schon mal bei Sturm am Nordseestrand gestanden? So ungefähr ist es hier. Die paar Schritte zu Roland sind richtige Schwerstarbeit. Die Autobauer messen normalerweise bei 140 km/h - und das ist schon Orkanstärke. So ein Windkanal schafft aber bei Vollgas Windgeschwindigkeiten von bis zu 230 km/h. Würde man dann in den Windkanal hineingehen, wäre man verloren. Wind in der Natur ist höchstens bei einem Hurrikan so stark. 140 km/h ist also schon eine Stärke, die bei uns eher selten vorkommt.

Ein Windkanal schafft es bis zu 230 km/h!

So ein Wind-Rotor ist viermal so groß wie Willi!

Jetzt lass ich mich mal richtig durchpusten!

Wind wird normalerweise in den Einheiten Beaufort 1 – 12 gemessen. Das sind Windstärken. Damit ihr wisst, wie viel das ist, hier eine Tabelle:

Beaufort	Km/h	Was siehst du?
0	0 - 2	Windstille, Wasseroberflächen sind spiegelglatt!
1	2 - 5	Rauch steigt leicht schräg, Wasserflächen kräuseln sich!
2	6 - 12	Den Wind spürt man auf der Haut, macht man den Finger nass, merkt man die Richtung!
3	13 - 20	Die Fahnen wehen jetzt!
4	21 - 29	Jetzt steigen leichte Drachen, Laub weht über die Straße!
5	30 - 39	Der richtige Wind für Lenkdrachen!
6	40 - 50	Regenschirme lassen sich fast nicht mehr halten!
7	51 - 61	Jetzt wanken auch die dicken Bäume!
8	62 - 74	Die ersten Äste brechen, man kann kaum mehr gegen den Sturm anlaufen!
9	75-87	Jetzt geht man besser nicht mehr raus. Ziegel fliegen durch die Luft!
10	88 - 101	Alles, was nicht sicher steht, wird weggeblasen!
11	102 -116	Jetzt können Gebäude schon schwere Schäden davontragen!
12	Über 116	Ab hier beginnt die Hurrikanstärke, selbst Häuser stürzen nun ein!

Trotzdem müssen die Autobauer ganz hohe Windstärken testen, damit sie wissen, ob das Auto auch bei Extremsituationen sicher auf dem Boden bleibt.

Aber was macht Roland hier eigentlich?
„Schau, ich habe hier ein Gerät, aus dem vorne Nebel austritt", erklärt er mir, „und damit kontrolliere ich, ob der Wind auch richtig schön glatt am Auto vorbeiströmt."
„Damit das Auto schneller wird, oder?", will ich wissen.
„Ja, genau. Wenn es richtig windschlüpfrig ist, wird es schneller und verbraucht weniger Benzin!", sagt Roland.
„Super! Wind ist also wichtig! Und woher nehmt ihr den Wind?", frage ich
„Den macht ein riesiger Ventilator mit immerhin rund acht Metern Durchmesser für uns. Und der Motor, der ihn antreibt, hat 3500 PS!"
„Kann ich den Rotor auch schieben?" Ich probier das mal lieber nicht."

Vom Pferd zum Auto!

Daimler Motorwagen

1886

Vierrädrige Kutsche mit eingebautem Motor von Gottfried Daimler und Wilhelm Maybach konstruiert.

Daimler-Wagen 35 PS „Mercedes"

1901

Der erste Wagen mit dem Motor vorne unter einer Kühlerhaube, dem Antrieb hinten und zwei Sitzbänken hintereinander.

Mercedes 24/100/140 PS

1924

Eine riesige Limousine mit 100-PS-Kompressor-Motor und einem Hubraum von 6,3 Liter. Dieser Wagen galt zur damaligen Zeit als die Weltspitze der Automobilentwicklung.

Wer erfand die Perdestärken?

Jetzt habe ich doch schon eine ganze Menge gesehen: Die Designer zeichnen und entwerfen die Autos und nach deren Zeichnungen bauen die Modellierer ein Plastilinmodell. Das wird so lange verbessert, bis niemand mehr was zu meckern hat. Dann wird im Windkanal geprüft, ob das Auto auch richtig windschlüpfrig ist, und danach kriegt ein Computer die Daten und die Werkzeuge für die einzelnen Blechteile entstehen.

Seit 1886 gib es Autos oder genauer gesagt: Automobile. Was aus dem Lateinischen kommt und so viel heißt wie „Selbstbeweger", denn man brauchte zum Fahren ja fortan keine Pferde mehr, die den Karren gezogen haben – er hat sich nun selbst bewegt. Und bevor ich jetzt weiter durch das Porsche-Werk wandere, zeige ich euch mal, wie sich die Autos in den letzten 120 Jahren entwickelt haben: Am Anfang ging alles ganz schnell. Schon 20 Jahre nach den

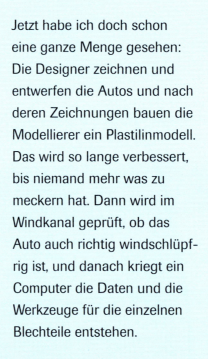

Maybach Zeppelin

1933

Luxus mit V-12-Zylinder, 8 Liter Hubraum und 200 PS.

Mercedes-Benz Typ 300

1951

Genannt „Adenauer", erster „Große Mercedes" nach dem Krieg.

Karl Benz war der Macher. Der Konstrukteur unternahm am 3. Juli 1886 die erste Ausfahrt mit einem von ihm gebauten motorgetriebenen Dreirad und gilt damit als der Erfinder des Automobils.

Wilhelm Maybach war der geniale Kopf. Er hatte die Vision von einem Auto, das mehr sein sollte, als eine motorisierte Kutsche. Er entwarf ein spezielles Chassis und einen eigenen Motor. Seine Ingenieurkunst hat den Weg zur modernen Autokonstruktion unserer Zeit bereitet.

Hinter jedem genialen Mann steht eine starke Frau! Berta Benz unternahm mit ihren Söhnen ohne Wissen ihres Mannes mit dem Benz-Dreirad eine erste Überlandtour von Mannheim nach Pforzheim. Erst diese Fahrt machte die Benz Benzinkutsche richtig berühmt.

ersten Fahrten von Karl Benz und Gottlieb Daimler konnte man mit der Familie im eigenen Automobil auf Reisen gehen, sofern man das nötige Kleingeld für die damals noch sehr teuren Wagen hatte. Heutzutage, mehr als 100 Jahre später, sind Autos nahezu perfekt gebaut und nicht so teuer, so dass sich eigentlich fast jeder ein Auto leisten kann. Denn nicht alle kosten ja so irre viel Geld wie ein Maybach, für dessen Preis man fast zwei Häuser kaufen könnte.

Gottlieb Daimler war der Geschäftsmann unter den Autoerfindern. Ihm ging es mehr um die allgemeine Motorisierung der Menschen. Seine Konstruktionen sah er nur als Versuchsträger.

Die elfjährige Mercedes hat Autogeschichte geschrieben, ohne etwas dafür zu tun. Warum? Ihr Vater Emil Jellinek hatte bei Daimler neue, moderne Autos in Auftrag gegeben, die er überall hin verkaufen wollte. Und weil er seine Tochter so liebte, gab er diesen Autos den Namen „Mercedes".

Mercedes-Benz 450 SEL 6,9

Maybach 62

1975

Der Preis 436 000 €

2006

Luftgefederte S-Klasse der 70er Jahre mit 286 PS und Höchstgeschwindigkeit von 225 km/h.

Luxuriösester Wagen, den man heutzutage kaufen kann: 5,5-Liter-12-Zylinder-Motor mit 550 PS.

Hier gibts Heavy Metal!

Schweißen ist wie kleben, nur fester!

So, nun habe ich aber genug von Computern und Windkanal und Modellen. Jetzt will ich endlich mal richtige Autos sehen. Ich gehe rüber in die Karosseriefertigung und treffe dort Karl-Heinz, der mir zeigen will, wie aus den einzelnen Blechteilen Autokarosserien entstehen. Eigentlich, so sehe ich, ist das alles fast so einfach wie bei einem Lego-Baukasten. Die silbern schimmernden Blechteile aus dem Presswerk lagern in großen Regalen, werden dort herausgeholt und einfach zusammengesteckt. „Nein, nein!", winkt Karl-Heinz ab. „Zusammengesteckt werden die nicht. Da würde das Auto ja beim ersten Schlagloch auseinander fallen!"
„Also muss noch ein bisschen Kleber dazu, oder?"
„Das ist gar nicht so falsch, was du da sagst, Willi. Tatsächlich wird heute auch im Automobilbau immer mehr geklebt, vor allem dann, wenn statt Stahlblech das leichtere Aluminiumblech oder Kunststoff benutzt wird. Aber wenn man, wie wir hier, Stahlblech für die Karosserie nimmt, werden die Bleche verschweißt."
„Aber sag mal, Karl-Heinz?"
„Nur zu, Willi!"
„Was ist Schweißen eigentlich?"
„Beim Schweißen werden zwei Metallteile miteinander verschmolzen. Das klingt eigentlich einfach, ist aber in Wirklichkeit kompliziert."
Karl-Heinz will mir jetzt die Karosseriefertigung zeigen, aber weil die Halle so groß ist, fahren wir mit einem kleinen

Diese Arbeiter haben Schweißmasken vor dem Gesicht, damit schützen sie ihre Augen vor den Funken und dem hellen Licht.

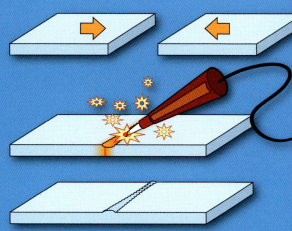

Verschmelzung von zwei Stahlblechen: Erst werden die Bleche zusammengefügt. Dann werden sie erhitzt. Dabei wird das Material flüssig und schmilzt ineinander. Danach erhält man ein zusammenhängendes Blech.

„Ist ja fast schon ein richtiges Auto! Nur losfahren kann man damit noch nicht."

Wägelchen hinein. Wir müssen Schutzbrillen aufsetzen, weil hier überall die Schweißfunken durch die Luft fliegen.

Wieso werden Autos aus Stahl gebaut?

„Jetzt sag mal, warum baut man die Autos eigentlich aus Stahl und nicht aus Aluminium? Stahl, das ist doch Eisen, oder? Und das rostet doch! Und ist schwer! Man will doch leichte Autos bauen."
„Da hast du schon Recht", sagt er. „Stahl ist tatsächlich fast doppelt so schwer wie Aluminium. Aber weil Aluminium auch nicht so belastbar ist, muss man die Bleche dafür viel dicker machen. Außerdem ist Aluminium schwieriger zu verarbeiten und zu reparieren. Wenn du dir heute Autos anschaust, wirst du nur selten an ihnen Rost finden, auch bei älteren Modellen nicht. Das liegt an den modernen Rostschutz- und Lackierverfahren."
„Also – dann sind Autos sozusagen unsterblich?"
Ich staune.
„Aber nein, Willi, unsterblich sind Autos nicht."

Autos leben heute viel, viel länger als früher. Noch vor 25 Jahren waren Autos nach rund acht bis zehn Jahren durchgerostet. Die meisten kamen über eine Gesamtfahrstrecke von einhunderttausend Kilometern nicht hinaus. Schon das ist immerhin zweieinhalbmal um den Äquator. Aber heute fahren Autos ganz locker dreihunderttausend Kilometer, viele sogar über fünfhunderttausend. Das ist eine Strecke von mehr als zehnmal um die Weltkugel.

Der fleißige Roboter

Hoppla! Vor lauter Erdumrundungen habe ich jetzt gar nicht richtig mitgekriegt, wo mich der Karl-Heinz eigentlich hinkutschiert hat. Hier klappert und rappelt und scheppert es, hier blitzt und funkt es und hunderte große gelbe Maschinen bewegen sich zackig hin und her und rauf und runter.
„Das sind unsere Schweißroboter, Willi", erklärt mir Karl-Heinz. „Das sind Roboter? Ich dachte immer, Roboter sehen so aus wie … na ja, wie Menschen. Mit Kopf und Armen und Beinen und Kameras als Augen."
Karl-Heinz lacht. „Ja, so stellen sich die meisten Menschen Roboter vor. Und manche sehen

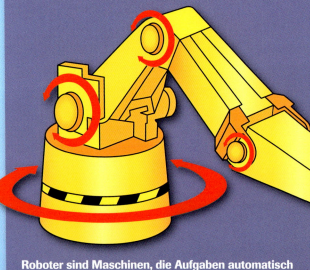

Die Roboterarme können sich nach allen Seiten bewegen, weil sie ganz viele Gelenke haben. Sie schwenken nach oben, unten, rechts, links, strecken und drehen sich um ihre eigen Achse. Sie können Tag und Nacht arbeiten, ohne Unterbrechung.

Roboter sind Maschinen, die Aufgaben automatisch erledigen. Der Name geht auf das slawische Wort „Robota" zurück, das einfach nur „Arbeit" heißt.

Der Tunnel am Ende der Halle besteht aus lauter hellen Leuchten. Da wird nochmals genauestens geprüft, ob die Karosserie keine Dellen hat.

Jetzt fliegen die Funken

ja wirklich so aus. Aber wir nennen alle Maschinen, die automatisch und selbständig arbeiten, Roboter. Die arbeiten fleißig. Wenn's sein muss, Tag und Nacht. Und sie schweißen die Blechteile so genau zusammen, wie wir das mit der Hand nie schaffen würden."

Ohne Menschen geht es doch nicht

„Dann bräuchtet ihr doch in dieser Halle gar keine Menschen mehr. Ihr steckt vorne nur noch die Blechteile rein und hinten kommen die fertigen Autos raus. Aber ich sehe ja auch noch viele Menschen hier. Was machen die denn?"
„Zwei Sachen, Willi", erklärt mir Karl-Heinz. „Zum einen müssen wir uns auch um die Roboter kümmern. Da muss kontrolliert und gemessen und eingestellt werden, damit die richtig und genau arbeiten. Und außerdem gibt es immer ein paar Stellen an der Karosserie, die wir Menschen eben doch besser von Hand bearbeiten und verschweißen können."

Wir fahren wieder mit unserem kleinen Karren bis zum Ende der großen Halle. Hier arbeiten die Leute in einem so genannten Lichttunnel, der so hell ist, dass man jede Beule und Delle im Blech erkennen kann, kontrollieren sie, ob die Roboter und die Kollegen auch sauber gearbeitet haben. Fehler werden dann noch nachgebessert. Und erst wenn alles am Ende wirklich hundertprozentig okay ist, darf die fertige Karosserie die Halle verlassen.

„Prima. Dann kann man ja jetzt endlich den Motor einbauen."
„Aber Willi! Hast du nicht vielleicht noch etwas vergessen?"
„Äh ... Fenster? Sitze? Räder? Was meinst du denn?"
„Na, guck doch mal das Auto an. Da fehlt doch noch was!"
„Ah! Die Farbe! Man muss es noch bunt anmalen! Klar!"

Selbsttragende Karosserien!

Als Karl Benz vor über 100 Jahren das Auto erfunden hat, baute er es wie eine Kutsche, nur ersetzte er die Pferde durch einen Motor. (Deswegen spricht man noch heute von Pferdestärken!) Viele Jahrzehnte wurden Autos dann so gebaut: Unten gab es ein tragendes Fahrwerk mit Achsen und Federung und Rädern, das so genannte Chassis. Darauf wurde der Aufbau gesetzt, die Karosserie (Foto). Und vorne, da, wo eben früher die Pferde den Wagen zogen, wurde meistens der Antrieb, also der Motor und das Getriebe eingebaut. Auch heute noch besteht jedes Auto aus diesen drei Gruppen: Fahrwerk, Karosserie und Antrieb. Ein richtiges Chassis gibt es allerdings inzwischen fast nur noch bei Lastwagen.

Die Menschen tragen beim Lackieren Schutzanzüge. Durch den Schlauch wird frische Luft zum Atmen in die Gesichtsmaske geblasen.

Ganz schön bunt hier!

Ganz klar – jetzt kommt der Lack

Das mit dem Anmalen, meint Karl-Heinz, sollte ich mal lieber nicht so laut sagen. „Lackieren", heißt das bei den Autobauern. Und das geschieht natürlich auch nicht mit einem Pinsel, sondern zuerst wird die Karosserie in Lack eingetaucht und später noch mehr Lack aufgesprüht.

So ein Auto hat nämlich nicht nur eine Schicht Farbe, sondern meistens vier oder fünf. Denn der Lack bringt nicht nur Farbe ins Spiel, er muss das Blech auch vor Rost durch Feuchtigkeit schützen. Und er soll natürlich toll glitzern und glänzen.

Weil aber jedes Stäubchen einen Fehler im Lack ergibt, dürfen wir durch die Lackierhalle nicht einfach so durch laufen. Man würde auch ganz schön eingenebelt und bekäme schlecht Luft, obwohl die Luft hier dauernd abgesaugt und gefiltert wird. Also gehen wir nur an großen Fenstern vorbei, hinter denen die Autos langsam Farbe bekommen. Damit die Menschen in diesen Hallen keinen vernebelten Lack einatmen, müssen sie in Schutzanzügen arbeiten. Außerdem sorgt eine Absaugung dafür, dass der Farbnebel möglichst schnell wieder verschwindet. Trotzdem ist das Arbeiten in der Lackiererei Schwerstarbeit. Aber auch hier werden immer mehr Lackierroboter eingesetzt. Die arbeiten ohne frische Luft und werden manchmal einfach nur mit großen Plastikplanen geschützt, damit sie sich nicht selber lackieren. Am Ende der Lackierhalle laufen die fertigen Karosserien durch eine Trockenkammer. Hier wird der Lack bei erhöhten Temperaturen durchgetrocknet.

Hier kommt ein Auto in die Tauchlackierung.

Und hier wird der Porsche von Robotern lackiert.

1. Zinkphosphat-Grundierung: Sorgt für den Rostschutz und dafür, dass die folgenden Schichten besser haften.

2. Elektrotauch-Grundierung: Die Karosserie wird getaucht, durch elektrische Aufladung gelangt der Lack an alle Stellen.

3. Füller: Füllt winzige Kratzer und Unebenheiten aus und bildet eine perfekt glatte Oberfläche für die nächste Schicht.

4. Decklack: Mit ihm kommt endlich die Farbe aufs Auto, er wird vom Roboter oder von Hand aufgesprüht.

5. Klarlack: Dieser durchsichtige Lack wird bei Metallic-Lackierungen und anderen empfindlichen Lacken gebraucht, um die Oberfläche zu schützen und den Glanz zu verstärken.

So, endlich! Jetzt kommen die Karosserien aus der Lackierhalle, und dann wird das Auto zusammengebaut und alle Innenteile werden montiert. Diesen Bereich nennt man die Endmontage. Aber das ist jetzt nicht mehr die Sache von Karl-Heinz. Der bringt mich nachher zu Armin, einem der Meister in der Montagehalle. Doch bevor ich da rübergehe, besuchen wir erst noch die Kantine und stärken uns ein wenig. Beim Essen werde ich mir von einem der Ingenieure alles über Motoren und Getriebe erzählen lassen. Denn der Motor ist ja das Herz eines jeden Autos, ohne das es nicht fahren kann. Also kann es nicht schaden, auch darüber was zu wissen.

Warum gab es die Tin Lizzy von Ford nur in Schwarz?
„Sie können das Auto in jeder beliebigen Farbe haben", hat Henry Ford einmal gesagt, „vorausgesetzt sie ist schwarz!"
Viele Menschen kennen diesen flotten Spruch, aber die wenigsten kennen die Herkunft. Damals war der schwarze Lack nämlich jener, der am schnellsten getrocknet ist. Und da bei der Fließbandfertigung keine Zeit für langes Trocknen blieb, lackierte man die Autos einfach alle in Schwarz!

Was ist eigentlich Metallic-Lack?

Dir ist sicher schon einmal aufgefallen, dass manche Autos vor allem in der Sonne besonders schön glänzen. Geht man ganz dicht heran oder nimmt sogar eine Lupe zur Hilfe, so erkennt man, dass viele kleine **Glitzerteilchen im Lack** sind, die diesen Glanz bewirken. Denn in den Decklack werden **winzige Metallteilchen**, meistens aus Aluminium hineingerührt. Sie reflektieren dann das Licht und sorgen für den Metallic-Effekt. Inzwischen wurden auch noch andere Stoffe gefunden, zum Beispiel glitzernde Mineralien, die zum Teil für sehr erstaunliche Effekte sorgen. So erscheinen je nach Lichteinfall unterschiedliche Farbschattierungen auf dem Auto, weil das Licht in verschiedene Richtungen zurückgeworfen wird. Oder die Farbe ändert sich sogar mit der Temperatur.

Brumm, brumm Bruuuuum!!!

Lass uns losfahren!

Das Essen in der Kantine schmeckt nicht nur gut, der Ingenieur weiß auch wirklich interessante Dinge über Motoren. Er erzählt mir, dass es im Laufe der Jahrzehnte ganz verschiedene Verbrennungsmotoren gegeben hat. Übrig geblieben sind eigentlich nur zwei: der Ottomotor und der Dieselmotor. Verbrennungsmotoren, so erfahre ich, machen aus Wärme, die durch die Verbrennung eines Kraftstoffes entsteht, mechanische Arbeit, schaffen also Bewegung. Im Inneren beider Motorenarten gibt es Zylinder und Kolben. Über den Kolben werden Luft und Kraftstoff zur Explosion gebracht und stoßen dadurch die Kolben nach unten, das ist die mechanische Arbeit. Damit das Auto nicht nur knallt, sondern auch fährt, wird die Abwärtsbewegung der Kolben mithilfe der Pleuelstangen und der Kurbelwelle in eine Drehbewegung verwandelt. Diese Drehbewegung treibt dann über das Getriebe die Räder an – und schon saust die Karre los. So weit ist das alles ganz einfach.

Eins, zwei, drei, vier, eins, zwei …

Was aber haben nun die Herren Otto und Diesel so Besonderes erfunden? Nikolaus Otto baute 1876 einen Motor, der ein Gemisch aus

Hier kannst du gut sehen, wie der Viertakter so läuft.

1 Ansaugen

Das Einlassventil des Motorzylinders ist offen. Ein Gemisch aus Benzin und Luft wird durch den Unterdruck angesaugt.

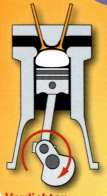

2 Verdichten

Der Kolben bewegt sich nach oben. Das Benzin-Luft-Gemisch wird jetzt zusammengedrückt, das heißt es wird verdichtet.

3 Arbeiten

Der Funken der Zündkerze bringt das Benzin-Luft-Gemisch zur Explosion. Der Kolben wird dadurch nach unten getrieben.

4 Ausstoßen

Der Kolben bewegt sich nach oben und drückt die verbrannten Gase durch das jetzt geöffnete Auslassventil in den Auspuff.

So sieht das Innenleben eines Motors hinter einer aufgeschnittenen Motorwand aus. Du kannst die wichtigen Einzelteile sehen.

Mit Fingerspitzengefühl werden die Kolben in die Zylinder des Motors eingesetzt.

Kraftstoff und Luft ansaugte, zusammendrückte und erst dann mit einer elektrischen Zündkerze entzündete, damit es explodiert. Das Zusammendrücken, das Komprimieren war also der Trick. Da der Motor in vier Takten arbeitet, nämlich „Ansaugen – Verdichten – Arbeiten – Ausstoßen", wird er auch als Viertaktmotor bezeichnet.

Rudolf Diesel baute einundzwanzig Jahre später einen Verbrennungsmotor, der zwar die vier Otto-Takte übernahm, aber durch einen anderen Trick erreichte, dass vor der Verbrennung viel stärker komprimiert werden konnte. Diesel verdichtete nämlich nicht ein Gemisch aus Kraftstoff und Luft, wie Otto, sondern er verdichtete die Luft zuerst und spritzte dann mit einer starken Pumpe den Kraftstoff ein, der explodierte. Weil es aber damals noch nicht möglich war, eine ausreichend starke Einspritzpumpe zu bauen, hat es fast 100 Jahre gedauert, bis der Dieselmotor tatsächlich seinen Siegeszug antreten konnte. Da beide Motoren Vor- und Nachteile haben, gibt es inzwischen Autos mit Otto- oder Dieselmotor. Ottomotoren sind leichter, drehen schneller, sind leiser und billiger herzustellen. Sie eignen sich für schnelle und leichte Wagen. Dieselmotoren dagegen brauchen weniger Kraftstoff, halten länger und liefern schon bei kleinen Drehzahlen hohe Leistung. Man nimmt sie daher gerne für sparsame Autos und für Nutzfahrzeuge wie LKWs und Traktoren.

Wie, wo ist hier der dritte Gang?!

Fährt das Auto auch elektrisch?

Der perfekte Motor für ein Auto ist also eigentlich noch gar nicht erfunden, hat mir der Ingenieur erklärt. Das hat mich nachdenklich gemacht, und ich wollte wissen, was denn der perfekte Motor wäre.
Ideal sei ein Elektromotor, erfahre ich, wie er zum Beispiel in ICE-Zügen eingebaut ist. Weil Batterien aber viel zu schwer sind, bräuchte man eine Stromzufuhr, um schnell und weite Strecken zu fahren. Und Stromleitungen über der Straße sind sehr unpraktisch. Dabei hat der Elektromotor zwei ganz entscheidende Vorteile. Er bewegt sich nach dem Start von alleine und er liefert von niedrigen bis zu hohen Drehzahlen eine gleichmäßig starke Leistung. Beim Verbrennungsmotor ist das ganz anders. Ein Otto- oder Dieselmotor läuft erst dann, wenn man ihn mit einem elektrischen Startermotor anwirft. Das Geräusch, das ihr hört, wenn eure Eltern das Auto starten, das ist der Anlasser. Er dreht den Motor so lange, bis der von alleine laufen kann, dann wird er ausgeschaltet, der Anlasser. Das heißt, auch wenn das Auto steht, dreht sich der Motor, wie man ja hören kann. Das ist deshalb sehr unpraktisch, weil ja eigentlich die Räder und die Kurbelwelle des Motors verbunden werden sollen. Damit das Auto aber nicht ständig fährt, wenn der Motor läuft, muss also diese Verbindung getrennt werden. Das macht der Autofahrer in der Regel mit dem linken der drei Pedale. Er muss kuppeln und die Kupplung jedes Mal beim Anfahren, beim Halten und beim Schalten in einen anderen Gang drücken. Es sei denn, er hat eine automatische Kupplung, die ihm diese Arbeit abnimmt – so etwas gibt es auch. Dann werden die Gänge elektronisch geschaltet, das Ganze nennt sich Tiptronic, weil man zum Schalten nur noch eine Wippe zum Beispiel am Lenkrad antippen muss – wie bei der Formel Eins.

Dann schalt mal 'nen Gang hoch

Das nächste Problem kennst du vom Fahrrad: Manchmal muss man langsam fahren, zum

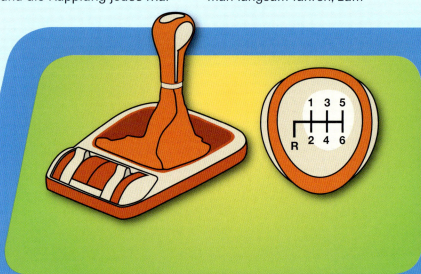

Schau mal, das ist ein Hebel für eine 6-Gangschaltung. Die wird mit der Hand betätigt. Auf dem Knopf stehen Zahlen, damit jeder gleich weiß, wo welcher Gang ist. „R" ist der Rückwärtsgang.

Das ist die Kupplung, klar!

Mit diesem Knüppel zwischen den Sitzen wählt der Fahrer, nachdem er das Kupplungspedal gedrückt hat, den richtigen Gang aus. Das ist gar nicht so einfach und man braucht eine ganze Weile in der Fahrschule, bis man das gut beherrscht.

Beispiel bergauf, manchmal aber will man flitzen, so schnell es nur geht. Treten aber will man immer etwa gleich schnell. Deshalb hat fast jedes Fahrrad eine Gangschaltung. Mit der wählt man den Gang so aus, dass sich möglichst leicht und zügig in die Pedale treten lässt. Beim Auto ist es genauso. Auch die Verbrennungsmotoren wollen nicht zu schnell und nicht zu langsam laufen, weil ihnen sonst die Puste ausgeht. Auch für Autos gibt es eine Gangschaltung, die wird Getriebe genannt. Das Autogetriebe hat aber nicht so viel Gänge wie ein gutes Fahrrad. Es hat immer einen Rückwärtsgang und vier bis sechs Vorwärtsgänge.

Viele Autos, vor allem in Amerika, haben ein Automatikschaltgetriebe. Da diese Automatikgetriebe bisher ganz anders aufgebaut waren als Handschaltgetriebe, waren sie sehr teuer und schwer. Inzwischen übernehmen aber winzige Computerchips die Steuerung der Automatik und werden die Handschaltgetriebe in Zukunft überflüssig machen.

Allerdings haben sich die meisten Autofahrer mittlerweile so an das Schalten von Hand gewöhnt, dass sie gar keine Automatik haben wollen. Selber schuld!

Die Automatikschaltung tut genau das, was der Name sagt: Sie schaltet automatisch. Statt des Fahrers „überlegt" sich nun ein komplizierter Mechanismus, welcher Gang der beste ist und legt ihn von selbst ein.

„P" = Parken.
„R" = Rückwärtsgang.
„N" = Neutral
„D" = Drive
heißt auf englisch fahren.

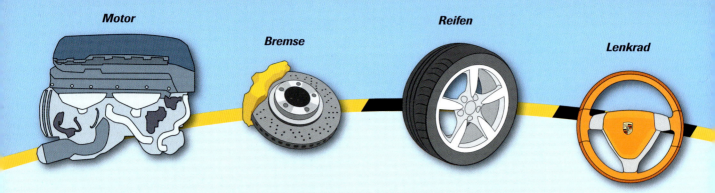

Die Autos fahren nicht, sie fließen – häh?

So, nach all den Informationen über Motoren, geht's nun zurück in die Montagehalle. Da wartet schon Meister Armin. „Hallo, Willi! Ich hab gehört, dass du bei uns am Fließband anfangen willst?"
Also, so war das eigentlich nicht gemeint, denke ich. Obwohl ich mir schon vorstellen könnte, hier zu arbeiten. Im Vergleich zum Karosseriebau und zur Lackiererei sieht es richtig angenehm sauber aus. Keine Schweißfunken, keine Farbnebel, wenig Lärm. Viele Menschen laufen um die Autos herum und tragen Einzelteile in sie hinein. Das also ist das Fließband, von dem alle reden. Es heißt so, erklärt mir der Meister, weil die Menschen an ihren Arbeitsplätzen bleiben und die Autos, wie auf einem Band, an ihnen „vorbeifließen". Wenn ich von „Fließbandarbeit" gehört habe, dachte ich bislang, dass die Menschen dort hektisch hinter den Autos herlaufen und das Band sich immer schneller bewegt. Aber hektisch sieht das hier gar nicht aus. Die Leute wirken eher gelassen. Jeder scheint genau zu wissen, was er zu tun hat. Zum Beispiel Ismail. Der nimmt einen Scheinwerfer, setzt ihn an der Karosserie an, baut ihn rein, schraubt ihn fest, fertig. Dabei steht er mit dem Auto auf einer Plattform und bewegt sich mit dieser Plattform langsam vorwärts. Wenn er seine Arbeit an dem Auto getan hat, ist die Plattform so weit gefahren, dass dort, wo er angefangen hat, die nächste Plattform ist. Also läuft er zurück, nimmt sich den nächsten Scheinwerfer und baut den im nächsten Auto ein.

Pinkelpause erlaubt?

Ich frage Armin: „Was passiert denn, wenn Ismail mal pinkeln gehen muss. Muss das Band dann anhalten?"
„Nein, das Band soll möglichst

Blick in die Montagehalle aufs Fließband.

...155, 156, 157... So viele Teile!!

Was gehört eigentlich alles zu einem Auto?

Eine Menge Dinge: Karosserie – Fahrwerk – Heizung - Klimaanlage – Airbags - Kopfstützen – Sicherheitsgurte – Fensterheber und viel mehr ... Zählt man alles zusammen, sind es einige hundert Teile. Die meisten davon sind wiederrum aus hunderten von Einzelteilen zusammengesetzt, so dass am Ende ein Auto sogar aus einigen tausend einzelnen Teilen montiert ist. Viele werden zuvor in anderen Firmen außerhalb des Werkes vormontiert und dann erst kommen sie an das eigentliche Endmontageband.

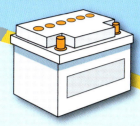
Batterie

Scheinwerfer

Sitze

Schalthebel

Airbag

nicht anhalten, obwohl das auch immer mal wieder passiert. Aber es gibt die so genannten Springer am Band. Wenn es irgendwo Probleme gibt, springen die Leute ein und sorgen dafür, dass die Arbeit weitergehen kann."
„Und Roboter, so wie im Karosseriebau, gibt es hier keine?"
„Doch, gibt es auch, Willi. Schau, da hinten, da baut ein Roboter die Frontscheiben ein. Die werden übrigens geklebt. Und das Auftragen des Klebers und das Hochheben der schweren Scheiben und das Ansetzen, all das kann ein Roboter viel schneller und genauer als jeder Mensch."
Wir gehen ein bisschen weiter. Ich könnte stundenlang zuschauen. Wie viele schlaue Leute müssen da wohl monatelang nachgegrübelt haben, damit so ein Fließband ohne Probleme läuft?

Zwei Tage dauert es, bis alles in einen Wagen hineinmontiert worden ist. 140 Autos verlassen jeden Tag fertig diese Halle. Ehrlich gesagt bin ich jetzt schon ein wenig beeindruckt. Und Porsche, sagt mir Armin, ist zwar eine feine, aber eigentlich recht kleine Autofirma. Ein paar Kilometer weiter, bei Daimler-Chrysler in Stuttgart-Cannstatt oder bei Volkswagen in Wolfsburg oder bei Opel in Rüsselsheim zum Beispiel spuckt die Fabrik jeden Tag noch viel, viel mehr Wagen aus.

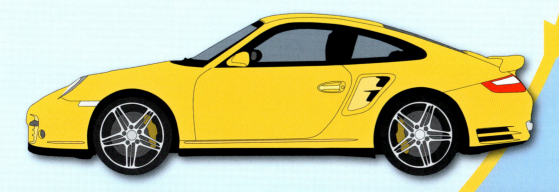

Auf der ganzen Welt werden Autos gebaut

Die ganze Welt baut heute Autos

Jedes Jahr werden allein in Deutschland über fünf Millionen Autos gebaut, das ist eine riesige Zahl. Aus den Experimenten der Herren Daimler, Benz und Maybach ist der größte deutsche Industriezweig geworden. Und das kam so: Vor allem nach dem Zweiten Weltkrieg kam Deutschland dank der Automobilindustrie sehr schnell wieder wirtschaftlich in Schwung. Aber schon ein paar Jahre später ließen sich Autos nicht mehr so leicht verkaufen. Dafür gab es verschiedene Gründe. Zum einen hielten die Autos immer länger, zum anderen gab es inzwischen überall in der Welt Firmen, die Autos bauten, Konkurrenz also: In Europa, in Amerika, in Brasilien, Japan, Korea, überall werden seither viele neue Autos gebaut. Und weil jedes Werk seine Autos auch verkaufen will, versucht jeder, so billig zu bauen, wie es nur geht. Denn preiswerte

1961 wurde die Firma Borgward geschlossen, 20 000 Menschen wurden arbeitslos. Ähnlich erging es anderen deutschen Herstellern wie Glas, DKW, Auto Union.

Autos haben auf dem überfüllten Markt gute Chancen. Vor allem in Deutschland konnten bald nicht mehr alle Neuwagen verkauft werden. Also wurden viele exportiert, das heißt in andere Länder verkauft. Für dort aber waren sie zum Teil

Man schaffte „beim Daimler", war „Opelwerker" oder gehörte zur „VW-Familie" – das war mehr als Arbeit, das war eine Lebensaufgabe, da wusste man, wo man hingehört. Kaum jemand wurde entlassen. Einmal im Jahr gabs sogar eine Geburtstagskarte von der Werksleitung!

Familienurlaub mit dem VW-Käfer.

Großes Fest: Der 1000.te Volkswagen verläßt das VW-Werk.

zu teuer, weil die Menschen dort weniger verdienten. Also musste in der Automobilindustrie gespart werden und immer weniger Arbeiter in Deutschland mussten immer mehr Autos produzieren. Die Fließbänder wurden perfekter, Roboter wurden anstelle von Menschen eingesetzt. Man nennt das „Rationalisierung". Manche Firmen konnten da nicht mithalten und mussten schließen. Und auch große Firmen wie Audi oder BMW standen zeitweise kurz vor dem Zusammenbruch. Man sprach damals von der Krise der deutschen Autoindustrie, und die wirkt bis heute noch nach.

So wie früher, noch in den 60er Jahren, als in der Autostadt Wolfsburg bei Volkswagen beinahe jeden Tag 5000 vorbestellte VW-Käfer vom Band liefen und ohne große Werbung verkauft wurden, wird es ganz sicher nie wieder sein.

Früher war das wie eine große Familie

Ob es damals besser war? Auf die Frage gibt es in der Öffentlichkeit unterschiedliche Antworten, je nachdem, wer gefragt wird. Manager und Ingenieure fanden es sicher einfacher und besser. Die Konstruktion und der Verkauf von Autos waren keine so furchtbar komplizierte Sache.
Aber die Arbeit am Fließband war viel zu ungesund. Dafür war durch die große Auslastung der Fabriken der Arbeitsplatz praktisch auf Lebenszeit sicher. Man warb im Ausland sogar die so genannten „Gastarbeiter" an, in Italien, Griechenland und Portugal, später in der Türkei. Aber es kamen keine Fließband-Roboter, es waren Menschen, Menschen mit Familien, die hier in Deutschland zum großen Teil bis heute leben und arbeiten und die Gesellschaft natürlich verändert heben.
Die Automobilindustrie wurde, wie es so heißt, zur „Schlüsselindustrie", also zum wichtigsten Industriezweig und Geldgeber vieler Menschen. Und wenn sich eben die Produkte einer „Schlüsselindustrie" nicht mehr so gut verkaufen, bekommen die Fabriken und oft auch der ganze Staat Probleme.

Jeder siebte Arbeitsplatz hängt in Deutschland von der Autoindustrie ab. Und wenn es dort nicht mehr richtig gut läuft, dann stehen, wie wir es seit Jahren erleben, schnell mal einige Millionen Arbeitslose „auf der Straße".

Was? Autos feiern Hochzeit?

Keine Zeit für lange Reden

Zum Glück läuft es hier im Porsche-Werk nach Problemen in der Vergangenheit im Moment wieder recht gut. Viele Menschen in aller Welt leisten sich einen solchen Sportwagen, so dass eigentlich alle Leute hier in Zuffenhausen derzeit Arbeit haben.

„Willi, komm mal hier rüber!", ruft Armin jetzt. „Ich habe einen Superjob für dich. Du kannst Trauzeuge sein!"
Wie bitte? Trauzeuge? Das sind doch die Leute, die bei einer Hochzeit dabei sind. Jetzt veräppelt Armin mich aber. Ich sehe hier keine glücklichen Brautleute.
„Doch, richtig gehört! Hier bei uns am Endmontageband wird jeden Tag einhundertvierzig Mal geheiratet. Schau! Das ist die Hochzeit. So nennen wir es, wenn der Motor samt Getriebe und Achsen mit der Karosserie vereinigt wird. Und du darfst dabei sein, Willi!"
„Das ist klasse, Armin! Soll ich vielleicht ein paar feierliche Worte sprechen?"
„Na, wenn dir danach ist!"
„Wie heißt denn das Brautpaar?", frage ich.
„Die Karosserie ist ein Porsche 911 und der Motor ist ein Boxer!"
„Also, liebe Neunhundert-Elfe, lieber Berufs-Boxer. Wir sind hier zusammengekommen, um eure Vermählung zu feiern. Ihr kennt euch nun schon seit vier Minuten ..."
„Mach ein bisschen flott, Willi, sonst ist die Hochzeit vor deiner Rede zu Ende!"
Ich spute mich: „Also, was soll ich noch sagen. Haltet fest zusammen, ihr zwei, streitet nicht und fahrt immer schön aufeinander ab!"
„Geheiratet, festgeschraubt, fertig, Willi. So zügig geht das bei uns!", sagt Armin noch.

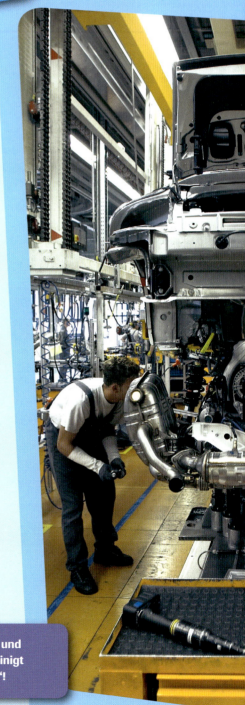

Wenn der Motor samt Getriebe und Achsen mit der Karosserie vereinigt wird, nennt man das „Hochzeit"!

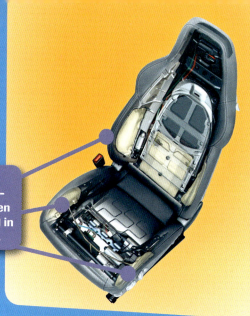

Auch der Sitz ist hochtechnisch ausgestattet, damit sich der Fahrer des Autos sicher fühlt und bequem sitzt.

Dieser Sportsitz hat sogar verstellbare Seitenwangen im Sitzkissen und in der Rückenlehne.

Kann ich mal Probesitzen?

„Und nun? Auto fertig?" „Na, fast", sagt Armin, „jetzt kommen noch die Sitze, das Lenkrad. Alle Teile eben, die man bisher nicht montieren konnte, weil sie sonst im Weg gewesen wären." „Gibt es denn dann auch jemanden, der Probesitzen darf?" „Das Probesitzen, Willi, ist längst passiert. Die Sitze kommen doch fertig aus der Sattlerei. Und dort hat man sie auf Gemütlichkeit und Sicherheit und alles andere getestet. Der Traumjob des Probesitzers ist also leider schon vergeben." Schade, habe ich nicht gewußt - aber dann will ich Armin mal testen, ich habe ja schließlich auch schon so einiges gelernt: „Sag mal, Armin, aus wie vielen Teilen besteht denn so ein Auto nun wirklich?" „Also ehrlich gesagt, Willi, so genau weiß das wahrscheinlich keiner. Früher hat man mal gesagt, es seien etwa 5000 Teile, aber heute sind es sicherlich noch viel mehr."

Whow, nicht nur tausende Teile, auch 30 Firmen!

Armin weiß es also doch und erklärt: „Wir haben bei Porsche ungefähr 30 Firmen, die uns mit Fertigteilen beliefern, also Getriebe, Fahrwerksteile, Elektrikteile und so weiter. Aber die beziehen wiederum von vielen hundert Firmen ihre Einzelteile. Und wenn man jetzt anfangen würde, jedes einzelne Schräubchen zu zählen, oje – da haben wir hier Wichtigeres zu tun."

Willst du deinen Führerschein machen?

So wird also ein Auto gebaut!

Also fassen wir nochmal kurz zusammen: Manche Bauteile kommen aus den firmeneigenen Werken, zum Beispiel die Otto- oder Diesel-Motoren oder die Getriebe. Andere werden aus anderen Firmen zugeliefert. Wenn die Karosserie nach vier oder fünf Lackiervorgängen trocken ist, werden die vorbereiteten Teile am Fließband in der Endmontage eingebaut. Den Zusammenbau von Motor und Fahrwerk mit der Karosserie nennen die Autobauer lustigerweise „Hochzeit". Ein großer Teil der Autos wird heute weltweit verkauft, in anderen Ländern sind die Konkurrenz und der Kampf um billige Preise aber noch größer. Daher muss die Fertigung, also der Bau der Autos, immer mehr rationalisiert werden, das heißt, es muss immer billiger und schneller und effektiver gearbeitet werden. Dafür halten die Neuwagen heute viel länger als früher. Sie schaffen eine Strecke von mehr als zehnmal um den Äquator. Willst du auch einmal ein Stück dieser Strecke fahren? Dann brauchst du einen Führerschein.

Wer darf wann was fahren?

Um ein Kraftfahrzeug im öffentlichen Straßenverkehr zu bewegen, brauchst du einen Führerschein. Insgesamt gibt es in Europa 16 Führerscheinklassen. Den Führerschein, der auch gerne „Pappe" genannt wird (weil er früher mal aus grauer Pappe bestand), bekommst du, wenn du deine Fahrprüfung bestanden hast. In den USA und Australien dürfte man schon mit 16 ein Auto fahren, müsste aber dann vorne und hinten ein „L"-Schild für „Learner", also „Anfänger", aufs Auto kleben.

Führerschein-Check

15 Als Erstes ist der Mofaführerschein möglich. Mit dem wird ein Mo(torisiertes) Fa(hrrad) bewegt, das nicht schneller fahren darf als 25 Kilometer in der Stunde.

16 Mit 16 Jahren wird's dann schon schneller. Nun gibt's die Klasse M für Mopeds oder A1 für kleine Motorräder. Die flitzen bis zu 80 km/h schnell. Bei drei oder vier Rädern braucht man den Führerschein S für Miniautos oder Quads. Als Bauernkind kann man mit einem L- oder T-Führerschein schon Traktor fahren.

17 Mit 17 Jahren ist in manchen Bundesländern schon der Autoführerschein Klasse B möglich. Fahren darf man aber nur dann, wenn ein Erwachsener mit gültigem Führerschein daneben sitzt.

18 Mit 18 Jahren darf man mit Schein B ohne Aufpasser Auto fahren und einen eingeschränkten Motorradschein A und außerdem die Führerscheine der Klasse C für verschiedene LKW machen.

21 Mit 21 Jahren sind die Busführerscheine der Klassen D dran und außerdem darf man nun mit meinem C-Führerschein auch die ganz dicken LKW-Brummer fahren.

20-25 Mit 20 bis 25 Jahren schließlich kann man endlich sogar schwere Motorräder fahren – wenn man das denn will.

Was für ein Spaß: Autos kaputtmachen

„Komm mal hier rüber ans Ende vom Fließband, Willi, und steig ein. Der Wagen muss jetzt gestartet und schnell weggefahren werden!"
Also röhrt nun zum ersten Mal der Motor auf und ruhig und gelassen fährt Armin den nagelneuen Porsche vom Fließband weg zu seinem ersten Parkplatz. Und nun sind die Wagen tatsächlich fertig. Noch einmal werden sie endkontrolliert, endgereinigt, sogar in weiße Schutzanzüge verpackt und dann endlich auf den Autotransporter verladen, der sie zu einem Porschehändler bringt.
Aber nicht alle Autos kommen beim Händler an. Der Wagen hier unten auf dem Foto zum Beispiel. Den haben die Ingenieure mit Absicht gegen eine Wand und kaputtgefahren. Au weia! Schade um das schöne Auto, oder? Das hätten sie mir doch glatt als Andenken mit nach Hause geben können! Aber Armin erklärt mir, wofür die Crashtests – so heißen die – gut sind: Den ersten gab es schon vor über 70 Jahren.

An den aufgeklebten Messpunkten können nach dem Crash die Verformung des Bleches und die Härte des Aufpralls genau bestimmt werden.

Man hat damals in den USA ein Auto einen Abhang hinuntergerollt, um Käufern zu be-

Autsch! Totalschaden! Zum Glück ist der Airbag aufgegangen, so dass sich unsere Crashpuppe nicht ernstlich wehgetan hat.

Crash-Bumm-Bang!!

Achtung, gleich kracht's!

Das Auto vorne bremst, der Wagen hinten knallt drauf. Mit dieser Vorrichtung simulieren die Ingenieure den Auffahrunfall.

weisen, dass bei einem Überschlag die Fahrgastzelle, also der Teil des Autos, wo sonst Menschen drin sitzen, stabil bleibt. Und genau darum geht es heute bei Crashtests auch noch. Nagelneue Autos werden mit genau vorgeschriebener Geschwindigkeit gegen Barrieren gefahren oder, wie im Bild oben rechts, von künstlichen „Unfallgegnern" gerammt.

Das Ganze noch mal in Zeitlupe, bitte!

Zeitlupenkameras filmen den Crash. Und durch diese Filme kann man dann genau sehen, wie sich das Blech verformt. Damit das auch gemessen werden kann, wird das Auto mit aufgeklebten Messpunkten gekennzeichnet. Mit der Zeit haben die Ingenieure gelernt, ein Auto so zu bauen, dass die Fahrgastzelle hart ist und sich nicht verformt, aber andere Bereiche, die Knautschzonen, ganz weich sind und die Stöße aufnehmen wie Kissen. Bei den Crashtests wird mit Hilfe von Messpuppen auch bestimmt, wie sehr sich ein Mensch verletzen würde, der bei so einem Unfall im Auto gesessen hätte. Auf diese Weise wurden so nützliche Dinge wie Sicherheitsgurte und Airbags entwickelt, die heutzutage jedes Jahr Tausenden Menschen das Leben retten.

Interview mit einem Crashtest-Dummy

Willi: Hallo, Dummy!
Crash-Test-Dummy: Also mein richtiger Name ist Hybrid-III-50%-Mittelmann, aber weil das den meisten zu umständlich ist, nennen sie mich Ferdi.

Willi: Also, dann sage ich auch Ferdi, ja? Ich bin der Willi!
Ferdi: Freut mich. Was willst du wissen, Willi?

Willi: Was ist denn dein Job hier?
Ferdi: Also, meine Kollegen und ich halten für andere den Kopf hin.

Willi: Den Kopf?
Ferdi: Ja, unter anderem. Auch die Beine, die Arme, die Wirbelsäule.

Willi: Ist das nicht …
Ferdi: … gefährlich? Natürlich ist das gefährlich. Ich hatte schon sieben Beinbrüche, fünf angeknackste Wirbelsäulen und auch mein Kopf ist inzwischen der dritte.

Willi: Und? Noch immer begeistert von dem Job?
Ferdi: Kein Problem! Da drüben gibt es ein Regal, da liegen noch einige Köpfe und so weiter. Nur das wochenlange Warten nervt. Wenn es nach mir ginge, könnten sie mich dreimal am Tag an die Wand fahren.

Willi: Also ehrlich! Ich habe den Eindruck, wir sind doch sehr verschieden. Danke, dass ich noch nie mit dir tauschen musste!
Ferdi: Keine Ursache. Ich hoffe nur, es geht hier bald weiter. Ah, da kommt meine Hybrid-III-50%-Mittelfrau und unser Hybrid-III-Dreijähriger. Also, ich muss weiter. Heute fahren wir einen Frontalcrash, das wird ganz schön krachen.

Willi: Äh — ja, und Hals- und Beinbruch, Ferdi!

Rein in die Folterkammer!

Lass uns mal 'ne Runde drehn

„Also, Willi", sagt der Armin zum Abschied, „wenn du gute Nerven hast, kannst du jetzt mal unseren Testfahrer Roland kennenlernen. Der fährt mit dir raus nach Weissach auf das Testgelände von Porsche und zeigt dir dort, was wir alles machen, um unsere neuen Autos auszuprobieren."
Das mache ich doch! Roland ist ein netter Typ, auf dem Hinweg fährt er ganz gesittet, auch wenn er schon seinen Renn-Overall anhat. Aber in Weissach an der Rennstrecke drückt er mir erst mal einen Helm auf den Kopf und zieht sich selber auch einen über. Dann geht's los!
Auweia! Der drischt das Auto so um die Kurven der Teststrecke, dass mir ganz anders wird. Erst wenn man es lange übt, erklärt er mir, kann man ein Auto so beherrschen. Und weil die meisten „Normalfahrer" es nicht so gut können, gibt es inzwischen einige elektronische Systeme, die die schlimmsten Fehler wieder ausbügeln. Das Anti-Blockier-System ABS zum Beispiel. Das sorgt dafür, dass auch ein zu stark gebremstes Rad sich noch lenken lässt. Oder das Stabilitätsprogramm ESP. Es bremst von sich aus einzelne Räder, wenn der Wagen durch zu schnelles Fahren ins Rutschen kommt. Auf der Teststrecke wird es plötzlich

Wenig Sonne am Polarkreis, dafür ist es hier umso kälter – minus 30° Celsius!

Nachdem wir mit über 200 Sachen über die Teststrecke geflitzt sind, geht's danach auf die Beregnungsstrecke.

noch ungemütlicher. Es rattert und schaukelt wie verrückt, das ist die Rüttelstrecke. Na Prima!

Jetzt wird's feucht

Und es dauert nicht lange, da ist über und neben uns nur noch Wasser, es rauscht und platscht und wir sehen überhaupt nichts mehr. Hier wird getestet, dass kein Nässe-Fehler im Auto auftritt.

Elektronik und Lichtmaschine müssen weiterarbeiten, als sei Wasser nicht der Feind des elektrischen Stroms, die Türen und Fenster müssen dicht halten, kein Spritzer darf ins Innere geraten und der Wagen darf auf der nassen Fahrbahn nicht ins Schwimmen kommen. Roland erzählt, dass die ersten Autos einer neuen Wagenserie noch viel härter getestet werden. Einige Wagen werden an den Polarkreis gefahren, um zu probieren, ob sie auch bei der größten Kälte anspringen und heizen. Eine andere Gruppe von Ingenieuren nimmt

WWW ABS, ESP oder ASR, das sind die Hilfsprogramme fürs Autofahren, die Fahrerassistenzprogramme. Irgendwann werden unsere Autos vielleicht ganz ohne uns fahren können.

die Autos mit in die Wüste. Auch die extreme Hitze und der feine Sand dürfen ihnen nichts anhaben. Und im Porschewerk gibt es sogar noch spezielle Folterkammern, in denen die armen Autos wochenlang auf dem Prüfstand Vollgas fahren oder tagelang durchgeschüttelt oder mit Salzwasser beregnet werden, um zu sehen, ob sie nicht in Meeresnähe anfangen zu rosten.

Rock'n'Roll – Weltrekord: Tagelang wird das Auto durchgeschüttelt und gerüttelt und nichts darf klappern oder abfallen.

24 Satelliten umkreisen in 20 000 Kilometer Höhe die Erde und funken die GPS-Signale.

Du hättest rechtzeitig raus gemusst ...

Auf dem Rückweg nach Zuffenhausen können wir die Helme wieder abnehmen, Roland fährt ganz gesittet, hält sich an alle Geschwindigkeitsbegrenzungen und gibt dem Fahrerassistenz-Programmen nichts zu tun. Er zeigt mir ein paar der Dinge, die Porsche

> **GPS und Galileo leiten nicht nur die Autos. Sie sind auch für die Seefahrt, die Luftfahrt und das Militär wichtig. Und man kann damit Rettungseinsätze unterstützen, weil man immer weiß, wo das verunglückte Fahrzeug gerade ist.**

in so einen Wagen einbauen kann. Ein neues Radio mit CD-Spieler zum Beispiel oder die elektrische Schaltung, die mit kleinen Tipp-Tasten hinter dem Lenkrad geschaltet wird. Überall im Auto sind inzwischen elektrische Heinzelmännchen eingebaut. Sie tun, oft ohne dass man es merkt, die Arbeit für uns Menschen. So beginnt zum Beispiel der Scheibenwischer automatisch zu wischen, sobald der Regensensor merkt, dass es regnet, und als wir durch einen Tunnel fahren, schaltet ein „Helferlein" die Beleuchtung an und blendet die Spiegel ab, weil hinter uns jemand sein Fernlicht versehentlich eingeschaltet hat. Am besten gefällt mir das Navigationssystem. Obwohl Roland die Strecke natürlich bestens kennt, schließlich fährt er sie fast jeden Tag, schaltet er es mir zuliebe an. Ein Spaß!
„An der nächsten Ausfahrt die Autobahn verlassen!", sagt eine nette Stimme, und ein paar Sekunden später: „Hier bitte die Autobahn verlassen!", damit man es auch bestimmt nicht vergisst.
„Und die nette Dame weiß, wo wir gerade sind?", frage ich meinen Fahrer.
„Die merkt sogar, wenn wir uns nicht an ihre Ratschläge halten – pass auf!"

Klingt wie eine Frau, ist aber ein Computer

Roland fährt einfach an der Ausfahrt vorbei. Zwei Sekunden später meldet sich die Stimme. Aber sie schreit nicht etwa: „Da hättest du rausgemusst, du Idiot!", sondern sagt ganz freundlich: „Die Route wird jetzt neu berechnet!" Und wieder ein paar Sekunden später: „Neue Route! An der nächsten Ausfahrt die Autobahn verlassen!"
„Klingt wie eine Frau", meint

Ich bin **Willi** *und* **wills wissen!**

Das Navi zeigt auf seinem Bildschirm eine Karte an und weiß immer, wo wir gerade sind.

Roland, „ist aber ein Computer. Eigentlich sind es zwei."
Ein Computer ist beim Navigationssystem nämlich dafür verantwortlich festzustellen, wo man gerade steckt. Das Globale Positions System (GPS) funktioniert so: Seit 1995 sausen 24 Satelliten um die Erde, die ständig Radiosignale aussenden. Der Empfänger im Auto muss zu mindestens vier von ihnen Kontakt haben. Aus den Informationen, wie unterschiedlich lang die Signale von diesen vier Satelliten bis zum Auto brauchen, berechnet der erste Computer auf ungefähr 20 Meter genau, wo das Auto auf der Erdkugel gerade ist.
Der zweite Computer hat eine eingespeicherte Karte. Er berechnet nun aus dem GPS-Standort und dem eingegebenen Ziel, auf welchem Weg man fahren muss, um möglichst schnell an das angegebene Ziel zu kommen. Und wenn man von diesem Weg abweicht, bekommt der Computer das vom GPS gemeldet und berechnet die Route einfach neu.
Die Navigationssysteme werden schon bald noch genauer werden. Denn ab 2008 sollen die 30 Satelliten des europäischen Systems Galileo in Betrieb gehen. Mit ihnen kann man dann die Position bis auf ein paar Meter genau bestimmen. Einfach unglaublich!
Und tatsächlich, mit Hilfe des Navi, wie das System meistens genannt wird, landen wir wieder genau am Porschewerk.

Ab in die Zukunft

Der Phantasie sind auch beim Auto keine Grenzen gesetzt.

Jetzt hab' ich genug von Autos – ich fahr heim

So, ein langer, aufregender Tag war das. Ich wollte wissen, von wem, wo und wie ein Auto gebaut wird, und das habe ich heute erfahren.

Man hat in den letzten hundert Jahren ganze Arbeit geleistet. Ohne dass die ersten Erfinder das wollten, haben sie mit dem Auto unsere Welt ganz schön verändert. Manchmal versuche ich mir vorzustellen, wie das heute eigentlich ohne Auto alles funktionieren würde. Das Leben meine ich. Oder ich denke darüber nach, wie die Welt der Autos in 50 Jahren aussehen wird. Lernen die Autos vielleicht fliegen? Oder fahren sie uns automatisch durch die Gegend? Oder werden sie in Fabriken gebaut, in denen keine Menschen mehr arbeiten? Die Futurologen, also die Wissenschaftler, die sich Gedanken um die Zukunft machen, behaupten, es wird immer mehr Autos geben. Nicht nur bei uns, sondern vor allem in den heutigen Einwicklungsregionen, in Südamerika, Afrika und Asien. Damit wir dann nicht in den Autoabgasen ersticken, müssen die Autos von morgen viel sauberer sein, viel leiser und noch sicherer. Aber das Erdöl auf dieser Erde geht irgendwann zu Ende, deswegen werden Benzin und Dieselkraftstoff immer teurer. Also forscht man schon seit einiger Zeit an Kraftstoffen, die nicht aus Erdöl gemacht sind. Biodiesel zum Beispiel wird aus Raps und anderen Pflanzen und Pflanzenresten gewonnen. Oder flüssiger Wasserstoff, den man mit Hilfe von Strom aus Wasser herstellen kann und der sich wunderbar als Kraft-

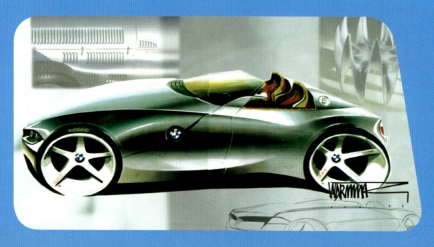

Designer machen sich sehr viel Gedanken darüber, wie Autos in Zukunft aussehen könnten.

stoff für Autos eignet. Aber woher nimmt man den Strom? Der wird nämlich meistens auch aus Erdöl oder Kohle gemacht. Man kann aber Strom auch noch auf andere Weisen herstellen, mit Hilfe von Sonnenkollektoren, mit Kernkraft, mit Windkraftmaschinen, mit Wellenkraftwerken – da gibt es einige Möglichkeiten und noch viel für junge Forscher zu entdecken und zu entwickeln.

Ich aber fahre jetzt erst mal nach Hause. Hoffentlich gibt's keinen Stau. Denn auf der Autobahn gibt es ja außer mir noch ziemlich viele Autos, und nicht nur da, eigentlich doch überall auf den Straßen. Große, kleine, schnelle, langsame, breite, schmale, hohe, schwere, leichte, schöne, hässliche, lange, kurze ... Autos, Autos, Autos, überall nichts als Autos.

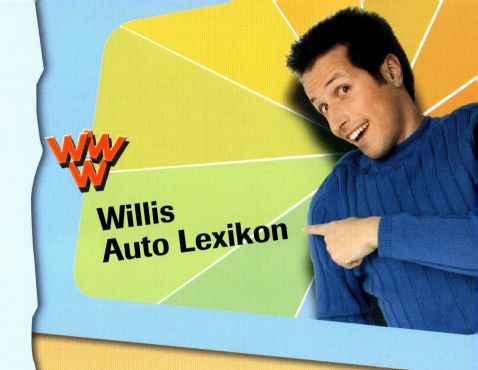

Willis Auto Lexikon

Aluminium
Leichtmetall für Motorgehäuse, Technikteile und Karosserien

Drehzahlmesser
Zeigt die Umdrehungen (rotations) des Motors pro Minute (rpm) an.

Federn und Stoßdämpfer
Sorgen für Komfort und gute Straßenlage beim Fahren.

Karosserie
Das Wort Karosserie stammt aus dem Französischen und bezeichnet den Aufbau eines Kraftfahrzeuges. Die Bezeichnung wurde früher bereits bei Kutschen verwendet.

Kühlkreislauf
Kühlt den Motor, damit er nicht heiß läuft.

Lichtmaschine
Der Dynamo beim Auto, er erzeugt den Strom für das Bordnetz.

Magnesium
Besonders leichtes Metall für Felgen und mechanische Teile

mph
Miles per hour, die amerikanische Einheit für die Geschwindigkeit.
1 mph = 1,609 Kilometer pro Stunde (km/h)

Pferdestärke (PS)
Die Leistung des Motors, normalerweise gemessen in Kilowatt (kW). 1kW = 1,34 PS

Starterbatterie
Diese Batterie ist ein aufladbarer Akku, der den Strom für das Anlassen des Motors speichert.

StVO
Straßenverkehrsordnung, sie regelt, was im Verkehr erlaubt und was verboten ist.

Turbo
Eine Abgasturbine, die Luft in den Motor hineindrückt

Vierradantrieb
Auch Quadro oder 4x4 genannt, bei solchen Autos werden alle vier Räder vom Motor angetrieben.

Vmax
Bezeichnung für die Höchstgeschwindigkeit

Zylinder
In ihnen gleiten die Kolben auf und ab, meist vier, manchmal aber auch bis zu zwölf Stück.